LE CHANSONNIER PASTORAL.

Toulouse,

IMPRIMERIE DE J.-M. CORNE.

1833.

LE

CHANSONNIER

PASTORAL.

LE

CHANSONNIER

PASTORAL.

TOULOUSE,

IMPRIMERIE DE J.-M. CORNE , RUE PARGAMINIÈRES ,
N.º 84.

1833.

LE CHANSONNIER
PASTORAL.

CONSEILS

DONNÈS PAR L'AMOUR.

Air : *Aimable boulangère.*

JEUNE et simple bergère
Que je veux embellir
Des roses dont ma mère
Couronne le plaisir,
En cueillant la fleurette
Qui naîtra sous vos pas ,
Craignez d'être indiscrète ,
Et ne la fanez pas. -

N'allez pas , belle Elmire ,
Dans les soins qu'on vous rend,
Confondre le délire
Avec le sentiment:
Avant que de souscrire
A la loi du vainqueur ,

Ses yeux doivent vous dire
Les secrets de son cœur.

S'il est discret et sage,
Hâtez-vous de jouir
Du printemps de votre âge,
Prêt à s'épanouir :
Le temps peut, d'un coup d'aile,
Détruire, en un moment,
Les attraits d'une belle
Et les feux d'un amant.

Quand la délicatesse
Réglera votre choix,
Cédez à la tendresse,
Mais n'aimez qu'une fois.
Dès l'instant que s'allume
Le feu du vrai désir,
Il faut qu'il vous consume
Dans les bras du plaisir.

L'AMOUR AU VILLAGE.

A notre bonheur l'Amour préside ;
C'est lui qui nous choisit nos bergers ;

Des ornemens du temple de Gnide,
Il décore nos rians vergers;
C'est là qu'il reçoit nos sacrifices.
   Sous les doux auspices,
   Des tendres désirs,
Et sur ses autels l'encens qui fume
   Jamais ne s'allume
   Que par nos soupirs.

Du fragile agrément d'être belle,
Nous ne tirons point de vanité;
Chez nous les attraits d'un cœur fidèle
L'emportent sur ceux de la beauté :
Aussi nos bergers, dans leur hommage,
   N'ont point le langage
   Des trompeurs amans;
Leur talent est de peindre à notre âme
   Leur sincère flamme
   Par les sentimens.

Nous ignorons les tristes alarmes;
Aux tourmens notre cœur est fermé.
Si notre berger répand des larmes,
C'est du plaisir de se voir aimé :
Plus il est sûr de notre tendresse,

Et plus il s'empresse
De la mériter.
Le feu délicat qui nous anime ;
Nourri par l'estime,
Ne fait qu'augmenter.

Aux douceurs d'une juste espérance ,
Un berger constant peut se livrer ;
L'instant vient où notre résistance
Dans les vrais plaisirs doit expirer :
Mais l'amant à qui l'on rend les armes,
Des vives alarmes
Sait nous préserver,
Et plus ardent après la victoire,
Il trouve sa gloire
A le conserver.

LE VÉRITABLE AMOUR.

DANS nos hameaux, la paix et l'innocence
Des cœurs constans remplissent les désirs,
Et l'enjoûment, soumis à la décence,
Sans en rougir anime nos plaisirs.

L'heureux amant, toujours tendre et fidèle,
Dans ses discours peint sa sincérité,
Et lorsqu'il jure une flamme éternelle,
Sans se masquer, il dit la vérité.

Si quelquefois, au bord d'une onde pure,
La jeune Iris contemple ses appas,
Elle ne veut composer sa parure
Qu'avec les fleurs qui naissent sous ses pas :
Ainsi, fuyant une grâce étrangère,
Elle tient tout de sa simple beauté,
Et le seul art qui plaît à la bergère,
Est l'art d'aimer avec fidélité.

Quand la nature ici se renouvelle,
L'amour paraît ranimer ses ardeurs ;
Mais nous brûlons d'une flamme si belle,
Que la saison ne peut rien sur nos cœurs.
Les doux liens d'une pure tendresse
Ne sont point faits pour dépendre du temps ;
Pour les serrer, nous les chantons sans cesse,
Et notre amour est toujours au printemps.

————————

LA PREMIÈRE LEÇON D'AMOUR.

Colin, à peine à seize ans
Aimait déjà Colette ;
Colette, à peine à treize ans
Ecoutait la fleurette.
On ne vit de si jeunes amans,
Que Colin et Colette.

Colin sent déjà des feux,
En secret il soupire ;
Colette forme des vœux,
Et cache son martyre.
Colette et Colin s'aiment tous deux,
Sans oser se le dire.

Ils s'en allaient sans dessein
Le matin sur l'herbette ;
Le cœur battait à Colin,
Il battait à Colette.
Son bouquet lui tombe de la main,
Colin perd sa houlette.

Il s'approche doucement,
Un soupir le décèle;
L'un regarde tendrement,
L'autre en devient plus belle:
Qu'as-tu donc? lui dit-il en tremblant.
Qu'as-tu donc? lui dit-elle.

Colette, au-dedans de moi
Je sens un trouble extrême.
Moi... Colin... auprès de toi
Je le sens tout de même.
Ah! Colette, je t'aime, je crois.
Colin, je crois, je t'aime.

Pour l'usage de ses dons,
Nature les éclaire;
Un dieu, par des charmes prompts,
Les conduit au mystère.
En amour il n'est point de leçons
Qui vaillent la première.

L'INGÉNUE.

Quinze ans, ou bien peu davantage,
De mes jours font le nombre heureux ;
Colin est aussi du même âge,
Et nous jouons à mille jeux.
Mais en jouant,
Quelle en est donc la cause?
Mais en jouant,
Colin toujours me prend,
Toujours, toujours quelque petite chose.

Tantôt il cache ma houlette,
Ou me dérobe mon fuseau :
A peine suis-je sur l'herbette,
Qu'il me fait quelque tour nouveau.
Puis en jouant, etc.

Il aime à me voir inquiète,
Et se rit de mon embarras :
Ah! s'il n'avait que ma houlette!...
Non, non, je n'y songerais pas.
Mais en jouant, etc.

Dans l'ardeur dont brûle son âme,
Du moment il sait profiter ;
Il me baise : son baiser m'enflamme,
Son cœur devrait s'en contenter.
Mais en jouant,
Quelle en est donc la cause?
Mais en jouant,
Colin encor me prend,
Encor, encor... quelque petite chose.

LES ARTIFICES DE L'AMOUR.

Songez bien que l'amour sait feindre,
Redoutez un sage berger :
On n'est que plus près du danger
Quand on croit n'avoir rien à craindre.

Je voyais, sans être inquiète,
Daphnis m'aborder quelquefois;
Il me trouvait seulette au bois,
Sans jamais me conter fleurette.

Si je chantais dans le bocage,
Pour m'écouter il s'arrêtait:

Une autre bergère chantait,
Il s'en retournait au village.

Sans crainte, sans inquiétude,
Chaque jour j'aimais à le voir :
Bientôt, s'en m'en apercevoir,
Je perdis tout autre habitude.

L'enchanteur! quelle adresse extrême
Il employait pour me charmer !
Croirait-ou qu'on se fit aimer,
Sans jamais dire : Je vous aime?

Des amans me peignant l'ivresse,
Il m'entretenait tout un jour :
C'était pour condamner l'amour;
Mais c'était en parler sans cesse.

Daphnis enfin sut me contraindre
A partager sa tendre ardeur :
Je sentis qu'il avait mon cœur,
Quand je commençai de le craindre.

LA FEINTE COLÈRE.

A peine ai-je quitté l'enfance,
Que nos bergers me font la cour :
Maman en vain me fait défense
D'écouter un seul mot d'amour.
Sur ce point souvent je friponne :
Si quelqu'un s'y prend galamment,
Je gronde d'abord hautement...
Mais tout bas mon cœur lui pardonne.

Tous les matins dans nos prairies
L'amour fait moissonner des fleurs ;
Aux bergères les plus jolies
On en fait des marques d'honneurs.
Toutes les fois que l'on m'en donne,
Par un air froid et nonchalant ,
Je déconcerte le galant...
    Mais tout bas, etc.

Sur mes cheveux, mon teint, ma taille,
Colin fait de tendres chansons :
Je feins de croire qu'il me raille,

De maman je suis les leçons.
Quand pour moi sa flûte résonne,
Pour ne point faire des jaloux,
J'affecte un modeste courroux...
　　Mais tout bas, etc.

Quand tête-à-tête, en un bocage,
Je me trouve avec ce berger,
Ses yeux, ses mains sont le langage
Dont il se sert pour m'engager.
D'abord m'a vertu s'en étonne,
Je voudrais ne rien écouter :
Je fais semblant de m'irriter...
　　Mais tout bas, etc.

Il pousse si loin l'aventure,
Qu'il m'oblige, par ses efforts,
A sacrifier ma parure ;
Pour me soustraire à ses transports,
A grands cris j'appelle ma bonne :
Ce chiffonnage me fait peur,
Colin pousse à bout ma pudeur...
　　Mais tout bas, etc.

Dans l'ardeur d'un feu téméraire,
Par lui mon lacet est coupé ;

Je m'efforce d'être en colère,
Et de mon busc il est frappé.
Mais malgré les coups que je donne,
Il n'en devient pas plus discret:
Je crois qu'un démon, en secret,
Lui dit que mon cœur lui pardonne.

LA FAUSSE INGÉNUE.

MAMAN, vous me dites sans cesse
De ne point aimer de berger:
J'en connais assez le danger,
Pour vaincre en moi cette faiblesse.
Mon cœur soupire près d'Hylas;
Mais, maman, je ne l'aime pas.

De fleurs il orne ma houlette;
Moi, j'en décore son chapeau;
Si j'ai quelque ruban nouveau,
Je cours en parer sa musette:
C'est pour lui seul que j'en fais cas;
    Mais, maman, etc.

Où ce berger ne peut pas être,
J'ai l'air ou distrait, ou rêveur ;
J'éprouve une douce langueur
Sitôt que je le vois paraître :
Je veux fuir, il retient mes pas ;
    Mais, maman, etc.

Pour vous obéir, je l'évite :
Mais lorsque, malgré moi, mon chien
Conduit mon troupeau vers le sien,
Il rêve, je reste interdite ;
Je rougis de notre embarras ;
    Mais, maman, etc.

Il me prend la main, il soupire ;
Moi, pour suivre en tout vos leçons,
J'éloigne aussitôt mes moutons :
Mais pendant que je me retire,
Je regarde s'il suit mes pas ;
    Mais, maman, etc.

J'ai mille choses à lui dire
Les jours que je ne le vois point,
Et quand nous sommes sans témoins,
Ma voix sur mes lèvres expire.

Dieux ! que ce silence a d'appas !
Mais, maman , etc.

O Lise ! quelle erreur extrême !
Vos yeux, votre air, tout vous dément,
Et vous aimez a ssurément...
Oui , si c'est ainsi que l'on aime ,
L'Amour me tenait dans ses lacs ;
Mais, maman , je ne l'aime pas.

LA FILLE INCRÉDULE.

Air de la Romance de Daphné.

MAMAN ne cesse de dire
A toute heure, à tout moment ,
Que l'amour est un martyre.
D'où vient donc que je soupire
Absente de mon amant?

La nuit, lorsque dans un songe
Je vois ce berger charmant,
L'état où l'amour me plonge,
Ah! sans doute est un mensonge,
Mais il n'est pas un tourment.

Colin ne vit, ne respire
Que pour mon amusement;
Je badine, il aime à rire.
Quoi que maman puisse dire,
L'amour n'est pas un tourment.

Rire est notre seule affaire;
Mais sous la loi des amours,
N'a-t-on rien de mieux à faire?
Colin, au fait du mystère,
Dit qu'on ne rit pas toujours.

Dans le sort qu'il me présage ;
Je ne vois rien de fâcheux :
Je sais bien qu'il vient un âge
De quitter le badinage,
Pour penser au sérieux.

Maman, par excès de zèle,
Exagère le danger;
Mais Colin est si fidèle,
Que tout mon cœur est contre elle,
Du parti de mon berger.

LA DÉFENSE INUTILE.

—

Un berger rencontrant Lisette,
Lui dit: Veux-tu me suivre au bois ?
On y va cueillir la noisette,
On y danse au son du hautbois.
Il prit le bras de la bergère,
Qui lui résistait mollement.
Au bois, dit-elle, qu'ai-je à faire ?
Laisse, laisse-moi donc; vraiment
Maman l'défend, maman l'défend

Tout en lui résistant, Lisette
Suivit le berger dans le bois,
Et tout en cueillant la noisette,
Colin l'agaçait quelquefois.
Il saisit sa main et la baise ;
Lise soupire doucement,
Et sans montrer qu'elle en soit aise,
Lui dit: Laisse-moi donc; vraiment
Maman l'défend, maman l'défend.

La bergère, un peu moins farouche,
Avait abandonné sa main,
Et bientôt Colin, sur sa bouche
S'avisa d'un plus doux larcin.
Lise lui dit tout en colère :
Laisse, laisse-moi donc; vraiment
Un second baiser la fit taire;
Elle dit encor faiblement :
Maman l'défend, maman l'défend.

Admirez le progrès rapide
Qu'amour fait dans un jeune cœur !
Ce n'est plus Lisette timide,
Et luttant contre son vainqueur.
Au berger, par un doux caprice,
Elle donne un baiser charmant;
Colin s'écrie avec malice :
Laisse, laisse-moi donc; vraiment
Maman l'défend, maman l'défend.

PHILÈNE ET LAURE.

Déjà du soir l'ombre légère
Couvrait la cime des coteaux;

La jeune et timide bergère
Ramenait des champs ses troupeaux.
Triste et pensif, le beau Philène,
Sous le saule d'une fontaine,
Seul, laissait aller ses chevreaux,
Et rejetant chien et houlette,
Il soupirait sur sa musette
Ces chants redits par les échos.

Si ton berger, ingrate Laure,
T'est désormais indifférent,
Immole un amant qui t'adore,
Et qui périt en t'adorant.
Dieux, qui vîtes notre tendresse,
Sauvez celle qui me délaisse,
D'être ainsi délaissée un jour ;
Ma mort remplira son envie ;
Elle pourra m'ôter la vie,
Mais non pas m'ôter mon amour.

En vain, dans l'eau de ces fontaines,
Je cours éteindre mon ardeur.
L'amour, dans mes brûlantes veines,
S'allume avec plus de fureur.
Innocens agneaux que j'envie,

Ah ! rien ne trouble votre vie :
L'Amour est pour vous sans danger ;
Ce dieu dispense en ses caprices ,
Au troupeau toutes les délices ,
Et tous les tourmens au berger.

Sur votre écorce , avant l'aurore ,
Ormeaux , combien ai-je tracé
Le nom de ma perfide Laure ,
Avec mon nom entrelacé !
Croissez , couvrez-vous de feuillage ;
Le rossignol , sous votre ombrage ,
Viendra lamenter sa douleur :
Un jour , sous votre asile sombre ,
Le voyageur , cherchant de l'ombre ,
Sentira palpiter son cœur.

En revenant des pâturages ,
Tous deux pressés de nous revoir ,
Ma Laure et moi dans ces bocages ,
Tous deux nous devancions le soir.
Sans avoir revu ma compagne ,
Deux fois dans la triste campagne
L'ombre a bruni le vert des bois.
Ah ! que Laure vive et m'oublie !

Laure, si tu perdais la vie,
Hélas! je la perdrais deux fois.

Penchée à travers la feuillée,
Laure entendi t ce triste chant;
Joyeuse à la foi s et troublée,
Elle vole vers son amant.
La brebis que tu m'as donnée,
Par quelque berger détournée,
N'est qu'en ce moment de retour.
Ah! s'écrie aussitôt Philène,
Les vents ont emporté ma peine,
Et n'ont laissé que mon amour.

LE BIEN D'AIMER.

Air : *Enfans de quinze ans.*

Doris et Colin sont amans,
Et n'ont de bien que leur tendresse;
Doris et Colin sont contens,
Vont dansant et chantant sans cesse:
Une fois que l'on s'aime bien,
Tenez, on ne manque de rien.
Ch. Pastoral.

2

Aimons , aimons tous ,
Il n'est pas de bien plus doux.

Le monde est pour eux sans attraits ;
Ils trouvent sa foule gênante ;
Ils n'ont pas besoin d'un palais ,
Une grotte seule les tente.
Une grotte ! ah ! l'heureux séjour !
C'est tout ce qu'il faut à l'amour.
    Aimons , etc.

La faveur que leur tendre amour
Désire du reste du monde ,
C'est de les laisser nuit et jour
Dans leur solitude profonde.
Dans l'univers , pour vivre heureux ,
N'est-ce pas assez d'être deux ?
    Aimons , etc.

Si Colin promène ses yeux
Sur les richesses de la terre ,
Colin n'en paraît envieux
Que pour en combler sa bergère ;
Il donnerait pour un baiser
Tout ce qu'on peut en amasser.
    Aimons , etc.

Les roses qui flattent ses yeux,
Le sein de Doris les recèle ;
Les parfums les plus précieux
Sont sur les lèvres de sa belle ;
Les trésors dont il est épris,
Sont ceux qu'il dérobe à Doris.

    Aimons, etc.

Si Doris et Colin distraits,
Contemplent quelque fleur nouvelle,
Colin, dit-elle, est bien plus frais ;
Doris, dit-il, est bien plus belle.
S'ils sont tentés de la cueillir,
C'est tous les deux pour se l'offrir.

    Aimons, etc.

Des prés et des vallons charmans,
La riante et tendre verdure
Est, pour nos deux jeunes amans,
Un lit dressé par la nature :
L'Amour, caché sous ce tapis,
Arrête Colin et Doris.

    Aimons, etc.

AUTANT EN EMPORTE LE VENT.

Air : *Vous qui du vulgaire stupide.*

Lycidas prit dans le bocage
Un bel oiseau sous des buissons,
Et crut retenir le volage
Par un simple lien de joncs.
Que ta cage n'est-elle faite,
Lui disait-il, dès cet instant;
J'irais t'offrir à mon Annette,
Et l'Amour sait ce qui m'attend.

Annette n'est point trop sévère;
Ton ramage lui plaira tant,
Que j'obtiendrai de la bergère
En échange un baiser comptant.
Qu'elle m'en donne un seul bien tendre;
Annette doit me l'accorder ;
Les autres, je saurai les prendre,
Si je n'ose les demander.

Il dit, et songeant à la cage,
Détache une branche d'osier ;

Puis revient ardent à l'ouvrage ,
Croyant tenir son prisonnier :
Mais , hélas ! il s'est fait passage ;
Du lien l'oiseau s'est enfui ,
Et tous les baisers , quel dommage !
Se sont envolés avec lui.

LA MENACE INUTILE.

Il est certain qu'un jour de l'autre mois
M'est advenu très-merveilleuse chose ;
Toute seulette étais au fond d'un bois ,
Vint mon ami , plus beau que n'est la rose.
Il me baisa d'un baiser sage et doux ,
Et puis après il me fit chose amère ;
Si que je dis , avec un grand courroux ,
     Tenez-vous coi ,   *Bis.*
   J'appellerai ma mère.   *Bis.*

Il est certain qu'il devint tout transi
Voyant courir larmes sur mon visage ;
A jointes mains il me cria merci ,
Et cela fit que je fus moins sauvage.

Quand il me vit que je parlais si doux,
L'ami s'y prit de tant belle manière,
Que je lui dis, sans avoir de courroux :
    Tenez-vous coi, etc.

Il est certain que lors il m'arriva
Chose nouvelle, à quoi n'étais pas faite,
Et quasi morte, un baiser m'acheva,
Qui me rendit les yeux clos et muette ;
Puis m'éveillai, mais d'un réveil si doux,
Que remourus, tant il m'avait su plaire.
Enfin besoin ne fut d'être en courroux,
    Il devint coi,   *Bis.*
    Sans qu'appelai ma mère.   *Bis.*

LA FUITE INUTILE.

L'AUTRE jour j'aperçus Lisette,
Triste et déjà loin du hameau,
Avec pannetière et houlette,
Mais sans son chien et son troupeau.
Je lui dis : Où vas-tu, la belle,
Avec l'air de te désoler ?
Je fuis l'Amour, me répond-elle,
Et si loin qu'il n'y puisse aller.

Ton erreur, lui dis-je, est extrême ;
Un vain dépit te fait la loi :
Ton cœur te fuit ; si ton cœur aime,
L'ennemi voyage avec toi.
Reviens parmi nos pastourelles,
Si tu n'as pas d'autres secours ;
Le dieu que tu fuis a des ailes,
Il te rattraperait toujours.

LA PRÉVOYANTE.

Vous me grondez d'un ton sévère
D'avoir, malgré votre leçon,
L'autre jour, dans notre maison,
Reçu, même écouté Valère ;
Il reviendra ce soir, je crois,
Maman, grondez-moi pour deux fois.

Le nom d'amour qui m'effarouche,
Il me le fait si bien goûter,
Qu'on jurerait, à l'écouter,
Qu'il est innocent dans sa bouche.
Il reviendra, etc.

Il me conjure avec instance
De lui laisser prendre un baiser ;
Me taire, c'est le refuser,
Mais il n'entend pas mon silence.
Il reviendra, etc.

Je devrais fuir ce téméraire,
Pour agir selon vos désirs ;
Mias quand on ne sent que plaisirs,
Comment bien marquer sa colère ?
Il reviendra, etc.

En vain contre un amant si tendre,
De vos leçons je veux m'aider ;
Il a l'art de persuader,
Mieux que vous ne savez défendre.
Il reviendra, etc.

AVIS PRUDENT DONNÉ TROP TARD.

N'écoutez jamais un amant,
Me dit ma mère à tout moment ;
Le plus fidèle est un volage
Qui cherche à donner de l'amour,

Sans jamais payer de retour :
Hélas ! maman, c'est bien dommage.

Eh quoi ! cet aimable berger
Qui vient sans cesse en ce verger,
Et me tient un si doux langage,
Est un perfide, un inconstant !
A d'autres il en dit autant !
Hélas ! maman, c'est bien dommage.

Non, puisqu'il m'a donné sa foi,
Que jamais à d'autre qu'à moi
Il n'avait voulu rendre hommage,
Et que je possède son cœur,
Il ne peut pas être un trompeur :
S'il l'est, maman, c'est bien dommage.

Il ne saurait être inconstant :
Il est si beau ! je l'aime tant !
On ne saurait feindre à son âge.
S'il me fallait vivre sans lui,
Ah ! j'en mourrais bientôt d'ennui :
Mourir si jeune, ah ! quel dommage !

Hier encor, dans ses transports,
Il faisait de nouveaux efforts

Pour obtenir de moi le gage
Qu'il dit qu'on doit à son amant.
Je l'ai cru, j'ai cédé : maman,
S'il m'a trompée, ah ! quel dommage !

L'IGNORANTE CURIEUSE.

ÉGLÉ sous un ombrage frais
Soupirait se croyant seulette ;
Deux tourterelles tout auprès
Se contaient tendrement fleurette.
Aussitôt elle s'écria,
Avec une joie inquiète :
Hélas ! qu'est-ce donc que cela ?
Hélas ! qu'est-ce donc que cela ?

Parmi les fleurs, lorsque je vois
Couler le ruisseau qui serpente,
Je rêve, et bientôt, malgré moi,
Je soupire, je me tourmente :
Je ne sais quoi que je sens là,
Fait que je suis triste et contente.
Hélas ! qu'est-ce donc que cela ?   *Bis.*

Si j'entends quelques airs touchans
Sur la musette de Sylvandre,
Mon cœur est ému de ses chants,
Je me hâte de les apprendre :
Je les répète.... Ah ! le voilà !
Fuyons... mais il a l'air si tendre !
Hélas ! qu'est-ce donc que cela ?   *Bis.*

Sylvandre, amoureux et soumis,
Se jette aux genoux de la belle ;
Il ose demander le prix
Que mérite une ardeur fidèle ;
Avec transport il la pressa.
Que me veux-tu ? s'écria-t-elle.
Hélas ! qu'est-ce donc que cela ?   *Bis.*

L'Amour, caché là tout auprès,
Perça le cœur de la bergère :
Comment résister à ses traits
Lancés dans l'ombre et le mystère ?
Églé tendrement soupira,
Et dit, en quittant l'air sévère :
Que n'ai-je su plus tôt cela !   *Bis.*

L'AMOUR VAINEMENT DÉGUISÉ.

Air : *Ce que je dis est la vérité même.*

COMMENT Colin sait-il donc que je l'aime ?
J'ai si bien feint de le haïr !
Est-ce mon cœur qui s'est trahi lui-même ?
Est-ce l'Amour qui m'a voulu trahir ?

Avec lui, timide et farouche ,
J'ai du plaisir , mais je sais le cacher ;
Je rougis sitôt qu'il me touche ,
Je lui défends de me toucher.
Comment Colin , etc.

Dans mes yeux il aurait pu lire ;
Mais devant lui j'ai soin de les baisser ;
Je contrains jusqu'à mon sourire ,
Et je lui dis de me laisser.
Comment Colin , etc.

Un baiser qu'il croit me surprendre ,
M'irrite au point qu'il ne peut m'apaiser ;
Je lui dis : Tu peux le reprendre ,
Je ne veux pas de ton baiser.
Comment Colin , etc.

LA MÉFIANTE.

LISANDRE suit partout mes pas,
　　Je ne veux plus l'entendre ;
Il m'aime , il me le jure : hélas !
　　Que son discours est tendre !
Amour , n'as-tu donc des appas
　　Que pour nous mieux surprendre ?
Que de raisons pour n'aimer pas !
　　Mais comment s'en défendre ?

Ce berger est fait pour charmer ,
　　Je ne saurais le taire ;
Mais il peut feindre de m'aimer ,
　　Et ne chercher qu'à plaire.
Amour , n'as-tu donc , etc.

Amour, cache mon embarras ,
　　Ou rends constant Lisandre ;
A faire des amans ingrats ,
　　Quel plaisir peux-tu prendre ?
Cruel ! n'as-tu donc des appas
　　Que pour nous mieux surprendre ?
Que de raisons , etc.

　　　Ch. Pastoral.　　　3

L'IGNORANTE INSTRUITE.

Air : *Comme v'là qu'est fait.*

MAMAN dit que l'Amour est traître ,
Qu'il tourmente comme un lutin ;
Je voudrais pourtant le connaître ,
Dit , un jour , Agnès à Colin.
Mon désir est inexprimable ;
Veux-tu bien me le montrer ? — Oui :
Instruire un jeune objet aimable ,
Qui comme vous est accompli ,
  Ah ! qu'c'est joli !
  Ah ! qu'c'est joli !

Satisfais mon impatience ,
Et mets-moi donc bien vite au fait.
Oui ; mais , dit-il , pour plus d'aisance ,
Passons dans le prochain bosquet.
Colin l'embrasse et la caresse ,
La bergère l'embrasse aussi.
Le désir de savoir la presse ;
Poursuis , dit-elle , mon ami :
  Ah ! qu'c'est joli !   *Bis.*

Un soupir d'Agnès fait éclore
Les grâces du plus joli sein ;
Le berger des yeux les dévore ,
Il y porte une heureuse main.
Agnès , de cet apprentissage ,
De plaisir sent son cœur ravi....
Etre ignorante , ah ! quel dommage !
Car si tout , dit-elle , est ainsi ,
    Ah ! qu'c'est joli !   *Bis.*

Colin plus loin pousse la chance ;
L'Amour lui prêta son flambeau ,
Et mit , pour aider sa science ,
Sur les yeux d'Agnès son bandeau.
Tout sentiment , par la tendresse ,
Devient en elle anéanti ;
Mais revenant de son ivresse ,
Elle dit , en faisant un cri :
    Ah ! qu'c'est joli !   *Bis.*

Petit à petit l'ignorante
S'instruit au gré de ses désirs ;
Fille aisément devient savante
Dans la carrière des plaisirs.
La nuit vint , triste circonstance !

Ah ! demain reviens donc ici :
Colin , que j'aime ta science !
Sans elle on ne vit qu'à demi.
    Ah ! qu'c'est joli !   *Bis.*

En rêvant à son aventure ,
Agnès regagne le hameau ;
Tout à son cœur dans la nature
Paraît différent et nouveau.
Ah, dieux ! que j'étais innocente
D'avoir cru maman jusqu'ici !
Amour, c'est toi seul qui m'enchante !
Quand par tes feux l'on est uni ,
    Ah ! qu'c'est joli !   *Bis.*

L'HEUREUSE MENACE.

COLINET au pied d'un ormeau,
Disait un jour à sa bergère :
Si tu m'es toujours si sévère,
Je vais me pendre à ce rameau.
Un peu surprise à ce langage,
La belle lui dit : Alte-là !

Colinet, si tu fais cela,
Que dira-t-on dans le village ?

Laisse-moi donc prendre un baiser,
Lui dit le berger plein de flamme ;
La bergère, au fond de son âme,
Eût voulu ne point refuser.
Il le ravit avec courage ;
La belle lui dit : Alte-là !
Colinet, si l'on sait cela,
Que dira-t-on dans le village ?

Le berger devient plus pressant,
Et la bergère moins farouche ;
Un baiser qu'il prend sur sa bouche
L'irrite, et puis elle y consent.
Bientôt il ose davantage ;
Pour le coup, dit-elle : Alte-là !
Bon ! reprit-il, que fait cela ?
Le saura-t-on dans le village ?

D'abord la belle à ce discours
Demeure un instant interdite ;
L'amour déjà la sollicite,
Colinet la presse toujours.
Ah ! dit-elle, tu n'es pas sage.

Elle voulut dire : Alte-là !
Mais tous les deux, après cela,
Ne songèrent plus au village.

LES AMANS HEUREUX.

Air : *Jusque dans la moindre chose.*

LISE était dans son aurore,
Et sur son sein fait autour,
Déjà s'empressaient d'éclore
Les richesses de l'amour ;
Sur ses lèvres demi-closes
Erraient déjà les soupirs,
Comme autour des jeunes roses
On voit voler les zéphirs.

Elle avait vu le feuillage
Seize fois naître et mourir ;
Sylvandre était du même âge,
C'est l'âge heureux du plaisir.
Ils s'aimaient d'amour si tendre,
Qu'on doutait, voyant leurs feux,
Qui de Lise ou de Sylvandre
Etait le plus amoureux.

Dès que Lise était absente,
Tout affligeait son amant ;
Loin de lui sa jeune amante
Souffrait le même tourment :
Ils laissaient couler des larmes
Quand ils se quittaient le soir,
Et rien n'égalait les charmes
Qu'ils goûtaient à se revoir.

Si l'un chantait un air tendre,
L'autre aimait à le chanter ;
Lise, en écoutant Sylvandre,
Sentait son cœur palpiter :
Sylvandre était dans l'ivresse
En l'écoutant à son tour,
Et l'interrompait sans cesse,
Par cent baisers pleins d'amour.

Un jour, dans un vert bocage,
Lise, auprès de son berger,
Se livrait au badinage
Sans soupçonner le danger ;
Quand soudain le ciel se couvre,
Un voile épais noircit l'air,
Et du nuage qui s'ouvre
Sortent la foudre et l'éclair.

Lise était pâle et tremblante
Dans les bras de son amant ;
Sur eux la foudre brûlante
Tombe, éclate en mugissant :
Tous deux sont frappés ensemble,
Un seul coup finit leur sort,
Et leurs cœurs qu'amour assemble,
Sont unis malgré la mort.

L'ORAGE.

Lise, entends-tu l'orage ?
Il gronde, l'air gémit !   *Bis.*
Sauvons-nous au bocage ;
Lise doute, et frémit.   *Bis.*
Qu'un cœur faible est à plaindre
Dans ce double danger !
C'est trop d'avoir à craindre   *Bis.*
L'orage et son berger.   *Bis.*

Mais cependant la foudre
Redouble ses éclats :
Que faire et que résoudre ?
Faut-il donc suivre Hylas ?

De frayeur Lise atteinte,
Va, vient, fuit tour-à-tour ;
On fait un pas par crainte,
Un autre par amour.

Lise au bosquet s'arrête,
Et n'ose y pénétrer ;
Un coup de la tempête
Enfin l'y fait entrer.
La foudre au loin s'égare,
On échappe à ses traits ;
Mais ceux qu'Amour prépare
Ne nous manquent jamais.

Ce dieu, pendant l'orage,
Profite des momens ;
Caché dans le nuage,
Son œil suit les amans.
Lise de son asile
Sortit d'un air confus ;
Le ciel devint tranquille,
Son cœur ne l'était plus.

———

L'AMOUR

PRÉFÉRABLE A L'INDIFFÉRENCE.

AIR : *De l'oiseau qui t'a fait envie.*

TE voir, t'aimer et t'en instruire,
Fut l'ouvrage d'un seul moment :
Ose m'aimer et me le dire ;
Doit-on rougir du sentiment ?
Jeune Philis, on n'est sévère
Que quand on ne peut pas charmer ;
Mais lorsqu'on est faite pour plaire,
On est faite aussi pour aimer.

Jouis de l'instant du bel âge,
Les fleurs se fanent sans retour ;
Viens avec moi sous cet ombrage,
Nous y célébrerons l'amour.
Vois ces prés, ces lits de verdure,
Tout y peint le dieu que je sens,
Les ruisseaux par leur doux murmure,
Et les rossignols par leurs chants.

Vois ce berger sur la fougère,
Dont ces coteaux sont émaillés,
Dans les regards de sa bergère,
Confondre ses regards troublés.
Tous deux, guidés par la nature,
Pleins d'amour, de timidité,
Goûtent une volupté pure,
Préférable à la liberté.

L'eau qui caresse ce rivage,
La rose qui s'offre au zéphir,
Le vent qui rit dans ce feuillage,
Tout dit qu'aimer est un plaisir.
Une égale et sincère flamme
Sait rendre doublement heureux ;
Les indifférens n'ont qu'une âme,
Lorsque l'on aime on en a deux.

En vain la raison trop austère
S'arme contre un si doux penchant ;
La loi rigoureuse et sévère
En proscrit l'abus seulement.
Il n'est point de cœurs invincibles,
Tôt ou tard il faut s'enflammer ;
Le ciel nous eût fait insensibles,
S'il nous eût défendu d'aimer.

Du tendre feu qui me consume,
Partage les brûlans désirs;
Que ton cœur, s'il se peut, s'allume
A l'haleine de mes soupirs.
Loin qu'un si beau transport t'offense,
Daigne l'éprouver à ton tour;
Un siècle entier d'indifférence
Ne vaut pas un moment d'amour.

L'AMANT DISCRET.

Sur une écorce légère,
Amans, tracez votre ardeur;
Le beau nom de ma bergère
N'est gravé que dans mon cœur.
Je n'ose occuper ma lyre
A chanter un nom si doux;
Echo pourrait le redire,
Et j'aurais trop de jaloux.

Corinne à feindre m'engage,
Pour mieux tromper les témoins;
Ce qui lui plaît davantage,
Semble me plaire le moins:

L'herbe où son troupeau va paître,
Voit le mien s'en écarter,
Et je semble méconnaître
Son chien qui veut me flatter.

Vous qu'un fol amour inspire,
Connaissez mieux le plaisir ;
Vous n'aimez que pour le dire,
Nous n'aimons que pour jouir :
Corinne, que ce mystère
Dure autant que nos amours !
L'amant content doit se taire,
Fais-moi taire pour toujours.

L'amant frivole et volage
Chante partout ses plaisirs ;
Le berger, discret et sage,
Cache jusqu'à ses désirs :
Telle est mon ardeur extrême ;
Mon cœur soumis à ta loi,
Te dit sans cesse qu'il aime,
Pour ne le dire qu'à toi.

LE BERGER PATIENT.

J'AIME une ingrate beauté,
Et c'est pour toute ma vie ;
Je n'ai plus de volonté,
Ma liberté m'est ravie.
　Thémire a des rigueurs ;
　Mais mon cœur les préfère
　Aux plus douces faveurs
　De tout autre bergère.

Quand aux champs , dès le matin,
Le soin du troupeau l'appelle,
Le ciel devient plus serein,
Le jour se lève avec elle...
　Les amoureux zéphirs
　Naissent de son haleine,
　Et mes tendres soupirs
　La suivent dans la plaine.

Le rossignol va chantant,
Joyeux de la voir si belle;
Le papillon voltigeant
La prend pour la fleur nouvelle.

Pour mourir sur son sein
On voit les fleurs éclore ;
De l'éclat de son tein
La rose se colore.

Malgré sa timidité,
Qui la rend plus belle encore,
D'une douce volupté
Dans ses yeux j'ai vu l'aurore,
Et sa bouche exprimer,
Par un tendre sourire,
Ce doux plaisir d'aimer
Qu'elle craint et désire.

LE CURIEUX.

L'autre jour étant assis
Sur le bord d'une fontaine,
Je vis dans les champs Tircis
Qui de près suivait Climène :
Il voulait l'arrêter ;
La bergère interdite,
Feignant de l'éviter,
Fuyait pourtant moins vite.

Tircis, qui s'en aperçoit,
En devient plus téméraire ;
Il la suit près de l'endroit
Où je rêvais solitaire :
J'approchai doucement
Afin de les entendre :
Rien n'est indifférent
Quand on a le cœur tendre.

J'entendis que le berger
Dit alors à la bergère :
Quoi ! tu crains de t'engager ?
C'est donc en vain que j'espère !
Quand on sait tout charmer,
On ne hasarde guère ;
Ce n'est un mal d'aimer
Que quand on ne peut plaire.

Le berger ne dit plus rien,
La bergère était muette ;
Mais l'Amour le servit bien,
Il préparait sa défaite.
La pudeur résistait,
Mais un soupir la chasse ;
Le seul désir restait,
Le plaisir prend la place.

DANGER

DES CARESSES DE L'AMOUR.

Jeunes bergers, craignez l'adresse
D'un dieu jaloux de votre cœur :
Son air est simple et sans finesse,
Son souris doux, son ton flatteur;
Mais le perfide ne caresse
Que pour commettre une noirceur.

Il semble, hélas! que la nature
Soit complice de ses forfaits;
Les fleurs, les bois et la verdure,
Tout favorise ses projets :
Le printemps lui doit sa parure,
Mais l'Amour lui doit ses sujets.

Il paraît tout ce qu'il veut être,
Flexible, adroit, insinuant :
C'est un ami, puis c'est un maître;
Quelquefois ce n'est qu'un enfant;
Souvent on ne peut le connaître
Qu'aux maux qu'il fait en grandissant.

Un cœur honnête ainsi s'abuse,
Et sommeille en sécurité ;
L'amitié vient, qui sert d'excuse,
Lorsqu'il se sent trop agité :
Défiez-vous, c'est une ruse ;
Tout est amour pour la beauté.

Contre ses traits, sa perfidie,
Que ne puis-je vous prévenir !
Sans lui cependant, dans la vie,
Comment rencontrer un plaisir ?
Peut-être un regard de Julie
Suffira seul pour m'en punir.

L'AMANT TIMIDE.

Pour soumettre mon âme
A l'empire des plaisirs,
Un berger plein de flamme
M'entretient de ses désirs :
Pas à pas son feu le guide
Vers la route des faveurs ;
Mais son cœur, encor timide,
N'ose braver mes rigueurs.

La sagesse, trop fière,
Me défend de l'écouter,
Et pour la faire taire,
L'ingrat n'ose assez tenter.
Que n'a-t-il assez d'adresse
Pour dérober au devoir
La preuve d'une faiblesse
Que je n'ose laisser voir !

Quand, d'un œil moins sévère,
Je flatte ses tendres feux,
Son embarras diffère
L'instant de le rendre heureux;
Il craint, il tremble, il hésite,
Il avertit ma fierté,
Et la cruelle en profite,
Pour bannir la volupté.

Hier, à la victoire
Marchant plus rapidement,
Il atteignait la gloire
Dont on couronne un amant.
Que n'osait-il davantage !
Encore un pas seulement,
Ma raison faisait passage
Au plaisir du sentiment.

LE BERGER ROI.

Sur un trône de fougère,
Chez nous règne le plaisir,
Et de fleurs sa main légère
Y couronne le désir.
Le bonheur, le pouvoir suprême
Sont pour un cœur bien enflammé :
On est roi quand on aime,
On est dieu quand on est aimé.

Les dieux aiment notre hommage
Et reçoivent notre encens ;
Les rois, leur vivante image,
Sont flattés de nos accens.
Le bonheur, etc.

J'égale, en aimant Colette,
Les rois et les immortels :
Un gazon, une houlette,
Sont mon sceptre et mes autels.
Le bonheur, etc.

Je lui plais, elle m'enflamme ;
Quel sort est plus glorieux !
Mes trésors sont dans son âme,
Et ma gloire est dans ses yeux.
Le bonheur, etc.

Est-il de plus doux empire
Que celui d'un tendre cœur ?
On règne quand on respire
Pour un aimable vainqueur.
Le bonheur, etc.

D'une si douce victoire,
Que l'Amour ait tout l'honneur ;
Le chanter est une gloire,
Le sentir est un bonheur.
Le bonheur, etc.

LES TENDRES SOUHAITS.

Que ne suis-je la fougère,
Où, sur le soir d'un beau jour,
Se repose ma bergère
Sous la garde de l'Amour !

Que ne suis-je le Zéphire
Qui rafraîchit ses appas,
L'air que sa bouche respire,
La fleur qui naît sous ses pas!

Que ne suis-je l'onde pure
Qui la reçoit dans son sein!
Que ne suis-je la parure
Qu'elle met sortant du bain!
Que ne suis-je cette glace,
Où son minois répété,
Offre à nos yeux une grâce
Qui sourit à la beauté!

Que ne suis-je l'oiseau tendre
Dont le ramage est si doux,
Qui, lui-même, vient l'entendre
Et mourir à ses genoux!
Que ne suis-je le caprice
Qui caresse son désir,
Et lui porte en sacrifice
L'attrait d'un nouveau plaisir!

Que ne puis-je, par un songe,
Tenir son cœur enchanté!

Que ne puis-je du mensonge
Passer à la vérité !
Les dieux qui m'ont donné l'être
M'ont fait trop amb itieux ;
Car enfin je voudrais être
Tout ce qui plaît à ses yeux.

LE PORTRAIT DE MA MIE.

Qui par fortune trouvera
  Nymphes dans la prairie,
Celle qui tant plus lui plaira,
  Tenez, c'est bien ma mie ;
Si quelqu'une vient à danser,
  Et d'une grâce telle
Qu'elle ne fait les fleurs verser,
  Eh bien ! c'est encore elle.

Si quelqu'un dit, avec serment,
  Je donnerais ma vie,
Pour être aimé rien qu'un moment,
  Tenez, c'est de ma mie :
Si quelqu'autre suit sans espoir
  La nymphe qu'il adore,

Content du charme de la voir,
  Eh bien! c'est elle encore.

Églé vint aux jeux de Cérès,
  Et fut d'abord suivie;
Églé revint le jour d'après,
  On ne vit que ma mie.
Si quelque nymphe a le crédit
  D'être toujours nouvelle,
A vos yeux, comme à votre esprit,
  Tenez, c'est toujours elle.

L'autre matin, sous ces buissons,
  Une nymphe jolie
Me dit: J'aime tant vos chansons!
  Je dis: C'est pour ma mie:
Pour célébrer ses doux attraits,
  Fait-on chanson nouvelle?
En y songeant, l'instant d'après
  On chante encor pour elle.

Je lui sais maint adorateur,
  Et n'en ai jalousie;
Amour a mis tout mon bonheur
  Dans celui de ma mie:
Que servirait de m'alarmer?

La chose est naturelle ;
Amour l'a faite pour charmer,
Et nous pour n'aimer qu'elle.

LE CHARME DES BOIS.

Air : *De l'oiseau qui t'a fait envie.*

Que j'aime ces bois solitaires !
Aux bois se plaisent les amans ;
Les nymphes y sont toujours sévères,
Et les bergers plus éloquens :
Les gazons, l'ombre et le silence
Inspirent les tendres aveux ;
L'amour est au bois sans défense,
C'est au bois qu'il fait des heureux.

Venez au bois, beautés volages,
Ici les amours sont discrets ;
Vos sœurs visitent leurs ombrages,
Les grâces aiment les forêts.
Que ne puis-je, aimable Clycère,
M'y perdre avec vous quelquefois !
Avec la beauté que l'on préfère,
Il est si doux d'aller au bois !

Ch. Pastoral.

4

Un jour j'y rencontrai Thémire,
Belle comme un printemps heureux;
Ou son amant, ou le zéphire,
Avait dénoué ses cheveux.
Je ne sais point quel doux mystère
Ce galant désordre annonçait;
Mais Lycas suivait sa bergère,
Et la bergère rougissait.

LES REGRETS DE THÉMIRE.

Air: *A notre bonheur l'amour préside.*

JE reconnais ce triste bocage
Si funeste à ma félicité;
C'est sur ce gazon, sous cet ombrage
Que j'ai perdu ma tranquillité:
C'est là que Tircis, sur sa musette,
   D'une ardeur parfaite
   Exprimait les feux;
J'y fis l'aveu d'un amour extrême,
   Qui, malgré moi-même,
   Parut dans mes yeux.

Certaine rougeur sur mon visage,
Mon air distrait, mon sein agité,

Mon innocence et mon peu d'usage,
Tout lui dévoilait la vérité.
Il me prend la main, j'étais tremblante;
   Mon trouble s'augmente
   A chaque moment :
Pour combattre le feu qui l'anime,
   Ma bouche s'exprime,
   Et mon cœur la dément.

Oui, Thémire, oui, je vous adore,
Me répétait-il si tendrement :
Que je ne voie jamais l'aurore,
Si je cesse d'être votre amant !
Si je renonce au soin de vous plaire,
   D'une autre bergère
   Si je suis les pas,
Que le tendre amour qui voit ma flamme,
   Ne livre mon âme
   Qu'à des cœurs ingrats.

Le bruit des ruisseaux, cette verdure,
Et la présence de mon vainqueur,
Dans cet instant, tout, dans la nature,
Se réunissait contre mon cœur.
Les premiers efforts de sa tendresse

Sont, par ma sagesse,
D'abord repoussés;
Je n'ose en exprimer davantage....
Il devint volage,
C'est en dire assez.

COMPLAINTE PASTORALE.

Au bord d'une fontaine,
Tircis brûlant d'amour,
Contait ainsi sa peine
Aux échos d'alentour :
  Félicité passée,
Qui ne peux revenir,
Tourment de ma pensée,
  Félicité passée,
Que n'ai-je en te perdant,
Perdu le souvenir !

J'aimais la jeune Annette,
J'étais tous ses plaisirs;
Une flamme secrète
Unissait nos désirs.
    Félicité passée, etc.

Il vaut mieux, disait-elle,
Mourir que de changer;
Cependant l'infidèle
Aime un autre berger.
    Félicité passée, etc.

O jours dignes d'envie,
Je ne vous verrai plus!
Au printemps de ma vie
Vous êtes disparus.
    Félicité passée, etc.

C'était sur ce rivage,
A l'ombre de ce bois,
Qu'avec moi la volage
Se plaisait autrefois.
    Félicité passée, etc.

Un autre amour l'appelle
Loin de ces lieux charmans,
Où je goûtai près d'elle
De si tendres momens.
    Félicité passée, etc.

L'AMANTE GÉNÉREUSE.

Air : *La lumière la plus pure.*

Dès que la riante aurore
S'ouvrait les portes du jour,
Le perfide Mélidore
Venait me parler d'amour ;
Quand le soleil, sur nos plaines,
Promenait son char brûlant,
Assis au bord des fontaines,
Il me peignait son tourment.

Si la nuit, couvrant la terre,
Nous surprenait en ces lieux,
Le trompeur à sa bergère
Parlait encor de ses feux.
Je n'entends plus sa musette,
Une autre a reçu sa foi ;
Il ne vit que pour Lisette,
Il devait mourir pour moi.

Bois, rochers, flots et rivage,
Seuls témoins de mon ardeur,
Vous savez si le volage
Avait pu fixer mon cœur !

Dans le soin qui me dévore,
Servez mes transports jaloux :
Arrêtez.... non , j'aime encore ;
Bois et rochers , taisez-vous.

L'AMANT TOUJOURS PRÉSENT.

—

Jusque dans la moindre chose
Je vois mon amant empreint ;
Quand j'éparpille une rose,
Dans chaque feuille il est peint.
Je le vois dans le nuage
Que l'air promène à son gré :
Pour moi tout est son image,
Mon cœur en a soupiré.

Si je brode quelqu'ouvrage
Dans le dessin nuancé ,
Je vois ses traits , son visage
Sur le canevas tracé.
Si je lis , à chaque page
Son nom me semble tracé ;
Par l'écho du voisinage
Il est toujours prononcé.

Qu'un son frappe mon oreille,
J'écoute... et dans tous mes sens,
Mon âme, qui toujours veille,
Croit entendre ses accens,
Ces accens, ce ton si tendre,
Ce son de voix enchanteur,
Ces accens qui font entendre
Tout ce qui flatte mon cœur.

LA RÉSOLUTION INUTILE.

Air du Vaudeville de la Rosière de Salency.

Un soir d'été, dans ce vallon,
J'aperçus le berger Sylvandre ;
Il répétait une chanson,
Et je pris plaisir à l'entendre ;
Il chantait : Amusez-vous ; mais
Pour être heureux, n'aimez jamais.

Profitant de cette leçon,
Et piqué des rigueurs d'Ismène,
Moi je me mis à l'unisson,
Et ma voix répéta sans peine :
Folâtrez, amusez-vous ; mais
Pour être heureux, n'aimez jamais.

En chantant , je vis près de nous
S'asseoir la coquette Thémire ;
Elle eut beau faire les yeux doux ,
Et s'armer d'un plus doux sourire ,
J'osai lui prendre un baiser ; mais
En lui disant : N'aimons jamais.

Le lendemain , sous un ormeau ,
Je te vis , jeune Sylvanire ;
Je jouais de mon chalumeau ;
Et soudain je me mis à dire :
Je voulais braver l'Amour ; mais
Je te vois , j'aime pour jamais.

Quand je trouve des pastoureaux ,
Ou bien de jeunes pastourelles ,
Je dis : Voyez ces tourtereaux ;
Je dis : Voyez ces tourterelles :
Ils se plaignent sans cesse ; mais
L'Amour les unit à jamais.

Pastoureaux , unissez vos voix ,
Chantez le dieu de la tendresse ;
Célébrez ses aimables lois ,
Mais point aux pieds de ma maîtresse ,
Ou bien chantez notre amour ; mais
Gardez-vous de l'aimer jamais.

LE COUPLE BIEN ASSORTI.

Air : *Quand je vous ai donné mon cœur.*

LISETTE est faite pour Colin,
    Et Colin pour Lisette ;
Il est volage, il est badin,
    Elle est vive et coquette.
Colin tolère ses rivaux,
    Lisette ses rivales ;
Il prime parmi ses égaux,
    Elle, entre ses rivales.

Lisette amuse mille amans,
    Colin toutes les belles ;
Tous deux en amour sont constans,
    Et tous deux infidèles.
Il est le plus beau du hameau,
    Elle en est la plus belle ;
Colin ressemble au franc-moineau,
    Lisette à l'hirondelle.

Sans soupirer et sans languir,
    Ils amusent l'absence

Par les plaisirs du souvenir
    Et ceux de l'espérance ;
Ou, s'ils dissipent leur chagrin
    Par quelqu'autre amourette,
Lisette revient à Colin,
    Et Colin à Lisette.

S'il naît quelque dispute entr'eux,
    C'est un léger orage,
Qui, bien loin de briser leurs nœuds,
    Les serre davantage.
Quels torts pourraient-ils se donner,
    Egalement coupables ?
Ah ! pour ne pas se pardonner,
    Tous deux sont trop aimables.

Les soupçons jaloux, les soupirs,
    Ne troublent point leurs chaînes ;
D'amour ils goûtent les plaisirs,
    Sans en sentir les peines.
Amans qui voulez vivre heureux,
    Prenez-les pour modèle,
Et n'imitez plus dans vos feux
    La triste tourterelle.

LE DÉPART DE LUCILE.

———

Il est donc vrai , Lucile,
Vous quittez ce hameau ;
Cherchez-vous à la ville
Quelqu'hommage nouveau ?
L'amant qui fait entendre
Un langage apprêté ,
Vaut-il un berger tendre
Qui dit la vérité ?

Vous verrez sur vos traces
Mille jeunes amans
Qui vanteront vos grâces ,
Qui peindront leurs tourmens.
C'est l'art qui les inspire ,
Et non le sentiment :
Moi , j'ose à peine dire
Que j'aime tendrement.

A l'air qu'ils font paraître
Quand ils offrent leur foi ,
Vous les croiriez , peut-être ,

Aussi tendres que moi ;
Leur vanité, bergère,
Allume tous leurs feux ;
Je n'ai l'art ni de plaire,
Ni de tromper comme eux.

PREUVE DE SOUVENIR.

GUILLOT un jour trouva Lisette
Au milieu d'un bocage épais ;
Je te rencontre enfin seulette,
Et mes vœux seront satisfaits.
Donne-moi, lui dit-il, bergère,   *Bis.*
Ou laisse-moi prendre un baiser ;
De mes feux c'est le doux salaire,
Tu ne peux me le refuser.   *Bis.*

Un baiser n'est que politesse,
On ne refuse pas cela ;
Je cède au désir qui te presse,
Tiens, lui dit-elle, le voilà.
C'est l'usage qui me l'ordonne ..   *Bis.*
L'usage, dit-il, eh bien, soit :
Ce baiser, c'est lui qui le donne.
Mais c'est l'amour qui le reçoit.   *Bis.*

Ch. Pastoral.   5

Embrasse-moi , je t'en supplie ,
Reprit le berger aussitôt.
Quoi ! déjà mon baiser s'oublie !
Répondit Lisette à Guillot.
Ma brunette , peux-tu le croire ?   *Bis.*
Non , ta méprise me confond ;
C'est bien te prouver ma mémoire ,
Que d'en demander un second.   *Bis.*

ENVOI D'UN MOINEAU.

De l'oiseau qui te fait envie ,
Eglé , je te fais le présent ;
C'était l'attribut de Lesbie ,
Le messager de son amant.
Sans intimider ta sagesse ,
Songe qu'un tel cadeau, souvent ,
Dispose un cœur à la tendresse ,
Et prépare un engagement.

Moineau , qui savez si bien plaire ,
Que votre sort me semble doux !
Vous ne quitterez ma bergère
Que de son sein à ses genoux :

Quelquefois , d'un air de conquête ,
Echappant à ses jolis bras ,
Vous irez chanter sur sa tête ,
Et vos plaisirs et ses appas.

La nuit , une enceinte importune
Doit vous mettre en captivité ;
Près d'Eglé , c'est la loi commune ,
Il faut perdre sa liberté.
Mais quel sera votre avantage ?
Au premier rayon du soleil ,
Vous sortirez de l'esclavage ,
Pour la baiser à son réveil.

Que cet oiseau te soit l'image
D'un cœur qui toujours t'aimera !
Si son naturel est volage ,
Tant de beauté le fixera :
On perd tous ses goûts infidèles ,
Eglé , quand on subit ta loi ,
Et tout ce qui porte des ailes ,
Les oublie à côté de toi.

LES AMANS TIMIDES.

Soir et matin sur la fougère,
L'an passé je filais mon lin ;
Mathurin , qui voulait me plaire,
Venait m'y voir soir et matin :
Il faisait un pas , moi de d'même ;   *Bis.*
C'était à qui s'approcherait :
Il fallait dire , je vous aime ;
C'était à qui commencerait.   *Bis.*

Par un beau jour , c'était ma fête,
Il vint m'apporter un bouquet ;
Je l'acceptai d'un air honnête,
Et je le mis à mon corset :
Il voulait parler , moi de d'même ,   *Bis.*
C'était à qui s'enhardirait ;
Il fallait dire , je vous aime ;
C'était à qui commencerait.   *Bis.*

Un autre fois , c'était dimanche,
Le voilà qui court après moi ;

Puis, en me tirant par la manche,
Il me dit : Mon cœur est à toi.
Je lui répondis : Moi de d'même,   *Bis.*
Et v'là que d'puis ce beau jour-là,
Il me dit, je lui dis : J' t'aime,
Et c'est à qui se le dira.   *Bis.*

LA FILLE OBÉISSANTE.

Le gros meûnier Simon Martin,
Obligé d'aller à la ville,
Partit hier, de bon matin,
Laissant sa fille à son moulin.
En partant, il lui dit : Lucile,
Je te défends de voir Colin,
Et s'il venait en mon absence,
Ferme la porte promptement.
Pour se défendre d'un amant,
Souviens-toi bien, ma chère enfant,
Qu'il faut éviter sa présence.

Elle promet avec chagrin,
Et Simon partit à l'instant même.

Caché dans le bosquet voisin,
Colin l'aperçoit, et soudain
Se rend auprès de ce qu'il aime.
Ouvre, dit-il, c'est ton Colin...
Eloigne-toi, lui répond-elle,
D'aujourd'hui je ne peux te voir...
Quoi ! d'aujourd'hui ? Quel désespoir !
Mais pour ne pas me recevoir,
Hélas ! que t'ai-je fait, cruelle ?

Mon père me l'a défendu,
S'écria-t-elle avec tristesse ;
S'il nous était bientôt rendu,
Cher Colin, tout serait perdu.
Contente-toi de ma tendresse,
Ce sentiment t'est plus que dû :
Si l'on me prive de ta vue,
Du moins nous pouvons nous parler.
Ta voix pourra me consoler,
Puisqu'elle a si bien l'art d'aller
Au fond de mon âme éperdue.

Non, non, je n'y puis consentir,
Dit le berger avec colère ;
Si tu refuses de m'ouvrir,

Tu me verras bientôt mourir :
Comment me flatter de te plaire,
Lorsque rien ne peut te fléchir ?
Encore si , par la chatière ,
Tu me voulais passer ta main...
Ah ! la voilà , mon cher Colin ,
Je te la donne ; car enfin
Cela ne peut fâcher mon père.

Le pauvre Colin à genoux,
La serre , mille fois la baise ;
Il sent expirer son courroux ,
En goûtant un plaisir si doux.
Le meûnier vient , gronde et s'apaise :
Enfans , dit-il , consolez-vous ;
Goûtez une tendresse pure ,
Mais du bonheur sachez jouir.
C'en est fait , je vais vous unir :
Qui peut résister au plaisir ?
En vain on veut forcer nature.

LE LOUP GAROU.

Des bergères du hameau,
Babet était la plus belle;
Des bergers amoureux d'elle,
Lucas était le plus beau.
Leur cœur, leur âge est le même.
Lorsque l'on est si ressemblant,
On n'est pas deux impunément,
Et l'amour vient en troisième. } bis.

De Babet la mère a soin
D'empêcher les feux de croître...
Quand l'Amour vient à paraître,
L'artifice n'est pas loin.
Lucas un tour imagine :
Vers le minuit, dit-il tout bas,
Babet... mais Babet n'entend pas,
Et pourtant son cœur devine. } bis.

Arrive à l'instant promis :
C'est l'heure de la veillée,

Grave et lugubre assemblée,
Où nul berger n'est admis.
On file, on cout, on s'empresse.
Les vieilles, pour passer leur temps,
Parlent de loups, de revenans,
Les jeunes de leur tendresse.   } bis.

Voilà qu'un long hurlement
Perce au travers des ténèbres :
Revêtu d'habits funèbres,
Un loup entre en se traînant.
On fuit la bête cruelle :
Babet l'attend d'un front serein,
Sûre que le monstre inhumain
Ne le sera pas pour elle.   } bis.

Suzon, sa petite sœur,
Qui, pour le moins, la croit morte,
Pour regarder par la porte
S'approche en tremblant de peur.
Ah ! maman, l'effroi me glace !
Si nous n'allons la secourir,
Babet, dit-elle, va périr,
Je vois le loup qui l'embrasse.   } bis.

LA CLOCHETTE.

Dès long-temps Rose était cruelle,
Sourde aux fleurettes des garçons;
Elle n'aimait rien, disait-elle,
Hormis son chien et ses moutons;
Et pourtant (voyez l'innocence !)
Elle avait près d'elle un agneau,
Qu'elle flattait de préférence:
C'était le mieux fait du troupeau.

Cent fois de ses lèvres de rose
En un instant on le pressait:
Une fleur était-elle éclose?
Sur son front vite on la plaçait.
Sa moindre absence l'inquiéte...
Aussi dans ses soins délicats,
Rose lui met une clochette,
Bruyant témoin de tous ses pas.

Colin, amoureux de la belle,
Voudrait bien supplanter l'agneau;
Un jour il le surprend sans elle,

Il l'emporte loin du hameau ;
Puis il détache la clochette,
Qu'il agite bien doucement,
Tant que l'innocente qui guette,
Arrive où le malin l'attend.

Jamais bosquet plus solitaire
Ne fut si propice à l'amour.
Colin console la bergère,
Puis de ses feux parle à son tour.
Tout en vantant la gentillesse
Du pauvre petit animal,
Il lui peint si bien sa tendresse,
Qu'il prend les droits de son rival.

L'agneau regagnant sa retraite,
Près d'eux paraît en ce moment :
Rose, entends-tu cette clochette ?
Cria colin en l'embrassant.
Méchant, dit Rose embarrassée,
C'était pour un tout autre emploi
Que cette cloche fut placée;
Mais l'heure en a sonné pour toi.

LES NE SAIS COMMENT.

Lison guettait une fauvette
    Dans un buisson ;
Tout auprès, l'Amour en cachette
    Guettait Lison.
L'oiseau s'enfuit ; Lison surprise
    Par un amant,
Au trébuchet se trouva prise
    Ne sais comment.

Laissez-moi rejoindre ma mère
    A la moisson.
— Il me faut deux baisers, ma chère,
    Pour ta rançon.
La belle fit, pour se défendre,
    Un mouvement ;
Mais Lucas eut l'art de les prendre
    Ne sais comment.

Je sens la volupté secrète
    D'un baiser pris ;

Mais ceux que donne une fillette
    Ont plus de prix.
Lison soupire et s'abandonne
    Au sentiment ,
Reprend les baisers, les lui donne
    Ne sais comment.

Que je prenne encor cette rose
    Sur ton beau sein !
— Non , finissez , non , je m'oppose
    A ce larcin.
Elle s'opposa , la pauvrette,
    Si tendrement,
Qu'on lui prit sa fleur sur l'herbette
    Ne sais comment.

LE PLAISIR EST LE VRAI BIEN.

Pourquoi te plaindre , Tytire?
Ne vois-tu pas que toujours
A tes chants, à tes discours,
J'applaudis par un sourire? —
    Un sourire n'est rien ;

Je voudrais, je voudrais, Thémire...
Ah! tu m'entends bien.

Sensible au cruel martyre
Que te cause ton amour,
Ne vois-tu pas qu'à son tour
Mon cœur en secret soupire? —
Un soupir n'est rien ;
Je voudrais, etc.

Dans mes yeux tu n'as qu'à lire ;
Si tu m'aimes tendrement,
Pour apaiser ton tourment,
Ce regard seul doit suffire. —
Un regard n'est rien ;
Je voudrais, etc.

Je vois où ton cœur aspire :
Eh bien! pour te contenter,
Tout ce qui peut te flatter,
Je suis prête à te le dire. —
Un discours n'est rien ;
Je voudrais, etc.

Ma raison perd son empire ;
Je n'écoute que tes vœux :

Mon berger, te voir heureux,
Est tout ce que je désire. —
Ce désir n'est rien ;
Je voudrais, etc.

A ce que mon cœur m'inspire,
Je me livre sans retour :
Sous les forces de l'Amour,
Le trop faible honneur expire.
Bon, l'honneur n'est rien ;
Le plaisir, le plaisir, Thémire,
Voilà le vrai bien.

LE MOMENT MANQUÉ.

Lison voyait deux pigeons se baiser ;
Son cœur ému ne pouvait s'apaiser.
Le couple heureux s'envola vers la plaine ;
L'instant d'après parut le beau Myrtil.
Elle gémit, mais sa douleur fut vaine.
Myrtil n'osait lui parler de sa peine.
Un peu plus tôt que ne paraissait-il !

Un autre jour, assez loin du hameau,
Elle dormait à l'ombre d'un ormeau :
Un songe heureux la séduit et l'enchante ;
A ses genoux paraît le beau Myrtil.
Tout en rêvant elle était complaisante ;
Mais il l'éveille, elle fut chancelante.
Un peu plus tôt que ne paraissait-il !

Le lendemain, sur un sable léger.
Elle traçait le nom de son berger.
Il la surprit ; dès-lors plus de mystère,
Elle avoua sa défaite à Myrtil.
Il triompha de sa rigueur sévère.
Lise à l'instant voit arriver son père :
Un peu plus tard que ne paraissait-il !

Loin du hameau Myrtil s'en est allé :
On les unit, et c'était le plus sage.
Qui fut content? Ce fut Lise et Myrtil.
Mais de l'hymen quand vint le premier gage,
On se disait tout bas dans le village :
Un peu plus tôt que ne l'épousait-il !

LA FAÇONNIÈRE.

—

L'autre jour, assis sur l'herbette,
Colinet et Fanchonnette
  Badinaient tendrement :
La belle y prenait contentement ;
Cependant, pour suivre l'usage,
Il fallut feindre un air sauvage :
  Et finissez donc, Colin,
  Que vous êtes badin !

Colin, au fait de la grimace,
Redouble encor d'audace ;
  Il l'embrasse soudain,
Et lui coula la main dans le sein.
Pour suivre ce maudit usage,
Fanchon prit encor l'air sauvage :
  Et finissez donc, Colin, etc.

Le berger que son ardeur presse,
Plus vivement la caresse ;
  Sous ses doigts amoureux

Naissent les plaisirs, les ris, les jeux.
Sensible à ce doux badinage,
Fanchon dit, d'un ton moins sauvage :
   Et finissez donc, Colin, etc.

Le berger change d'attitude,
Fanchon cesse d'être prude ;
   Un mutuel transport,
Parmi les plaisirs les mène au port.
Quelle ivresse saisit la belle !
Ses yeux se troublent : que dit-elle ?
Ah ! ah ! ah ! je meurs, Colin !
   Que vous êtes badin !

LES DANGERS DU SOIR.

Evitez, sensibles bergères,
   Surtout le soir,
Les bois, les vallons solitaires,
   Quand il fait noir.
C'est là souvent qu'un dieu volage,
   Dans un détour,
Fait éprouver son esclavage :

Craignez l'Amour,
Surtout le soir,
Quand il fait noir :
Dans un détour,
Craignez l'amour.

On ne peut de ce traître aimable,
　Surtout le soir ,
Braver le carquois redoutable ,
　Quand il fait noir ;
Employant ses plus belles armes,
　Dans un détour,
Il est toujours sûr de ses charmes :
　Craignez l'Amour, etc.

Souvent, pour tromper l'innocence,
　Surtout le soir,
Il prend de la naïve enfance,
　Quand il fait noir,
L'air doux, intéressant et tendre,
　Dans un détour ;
Alors comment vous en défendre ?
　Craignez l'Amour, etc.

Trompées par ses douces caresses,
　Surtout le soir,

Vous céderez à ses promesses,
  Quand il fait noir;
Mais bientôt tristes et plaintives
  Dans un détour,
Vous répéterez sur ces rives :
  Craignez l'Amour, etc.

LA PEUREUSE.

Lison revenait au village,
  (C'était le soir.)
Elle aperçut sur son passage,
  (Il faisait noir,)
Accourir le jeune Sylvandre :
  Lison eut peur;
Elle ne voulut l'attendre,
  C'est un malheur :
  C'était le soir,
  Il faisait noir ;
  Lison eut peur,
  C'est un malheur.

Que pouvait faire cette belle?
  (C'était le soir.)

Sylvandre court plus vite qu'elle,
(Il faisait noir;)
Il la joint, et soudain l'arrête:
Lison eut peur,
La peur la fit choir sur l'herbette,
C'est un malheur, etc.

Quand Lison fut ainsi tombée,
(C'était le soir,)
Le berger à la dérobée,
(Il faisait noir,)
Voulut ravir certaine rose:
Lison eut peur;
La peur ne sert pas à grand chose,
C'est un malheur, etc.

Personne n'était sur la route,
(C'était le soir;)
Bientôt Lison n'y voit plus goutte,
(Il faisait noir;)
Sa taille devint moins légère:
Lison eut peur;
Neuf mois après elle fut mère,
C'est un malheur, etc.

LA FEINTE COLÈRE.

Dans un bosquet, près du hameau,
Colin caressait Isabeau :
   La jeune bergère,
   D'une main légère
    Le repoussait,
  Le nommant téméraire,
    Et lui jurait
   Qu'elle appellerait.

Sa chienne qui voyait cela,
Croyant l'obliger, aboya :
   La belle, inquiète,
   Saisit sa houlette,
    Et l'en frappa,
  Maudissant l'indiscrète:
    Jugez par là,
  Comme elle appela !

LE DOUBLE TRAIT.

L'Amour, caché dans un buisson,
 Vit Colin et Nannette ;
Tout aussitôt ce dieu fripon
 Joua de l'arbalête,
Et de la fille et du garçon
 Ne fit qu'un sur l'herbette.

Fier de ce coup, il s'approcha
 Du couple qui se pâme ;
Mais ce spectacle le toucha,
 Et par un trait de flamme,
Qu'avec roideur il décocha,
 Ce dieu leur rendit l'âme.

Colin le premier se dressant,
 Joyeux outre mesure,
Dit à Nannette, en l'embrassant :
 Comment va ta blessure ?
Elle répond, en rougissant,
 Ta santé me rassure.

LA BLESSURE GUÉRIE.

Dans un jardin, Fanchonnette
  De roses fit un bouquet,
Puis dessus sa gorgerette
  Elle les éparpillait,
Lorsqu'une épine indiscrète
  Se glissa sous son corset.

La bergère, dans l'alarme,
  Fit un cri, puis se pâma.
Colin, sensible à ses larmes,
  Accourut et l'embrassa :
En pressant ses tendres charmes,
  L'épine encor s'enfonça.

Le berger, d'une main sûre,
  Doucement la retira ;
Le fripon, sur la blessure,
  De deux baisers se paya.
Fanchonnette nous assure
  Qu'aussitôt le mal cessa.

L'HEUREUX ACCORD.

UN jour dans ce vert bocage,
Daphnis menait ses troupeaux;
Non loin, Philis à l'ombrage
Paissait aussi ses agneaux.
Tous deux ils se joignirent;
    Daphnis la vit,
    Philis le vit,
Tous les deux ils se virent.

Bonjour, lui dit-il, bergère;
Bonjour, dit-elle, berger :
Qu'il fait bon sur la fougère
Ici près, dans ce verger!
Tous deux ils s'y rendirent :
    Daphnis s'assit,
    Philis s'assit,
Tous les deux ils s'assirent.

Le berger, de violettes
Fait un bouquet pour Philis;
Philis de tendres fleurettes

Ch. Pastoral.   6

En prépare un pour Daphnis.
Tous deux ils se l'offrirent :
  Daphnis le prit ,
  Philis le prit ,
Tous les deux se le prirent.

Permets, dit-il, que je mette
Mon bouquet dans ton corset ;
Du mien, lui dit la fillette,
Je veux orner ton bonnet.
Tous deux y consentirent :
  Daphnis lui mit ,
  Philis lui mit ,
Tous les deux se le mirent.

D'être constante et fidèle,
Fais-moi, lui dit-il, serment ;
Et toi, fais-le-moi, dit-elle,
D'être fidèle et constant.
Tous deux y consentirent :
  Daphnis le fit ,
  Philis le fit ,
Tous les deux se le firent.

LE BERGER IGNORANT.

COLETTE sans expérience,
Mais non pas sans raisonnement,
De l'Amour sentait la puissance,
Dès qu'elle voyait son amant :
Lui, plus innocent encor qu'elle,
De fleurs en main, il l'aborda ; .
Sous son nez les met... Oh ! dit-elle,
Est-ce qu'un bouquet se met là ?   *Bis.*

Il demeure droit comme un terme ;
Sans rien dire , il la contemplait :
Déjà dans son cœur l'amour germe ;
Il cherche alors un autre endroit :
Souffrez que dans vos mains, bergère,
Dit-il, je dépose cela....
Elle lui répond en colère :
Est-ce qu'un bouquet se met là ?

Long-temps il rêve ; l'imbécille
Dit : Maintenant je suis au fait ;
J'ai vu dans mainte et mainte ville

Que dans les cheveux on le met.
Souffrez donc, objet de mon âme...
Elle l'interrompt sur cela :
Quand on n'est pas une madame,
Est-ce qu'un bouquet se met là ?

Colette à chaque instant m'arrête,
Et mes fleurs se fannent déjà;
Je vais les mettre sur sa tête,
Arrivera ce qui pourra. —
Finis, Blaise, tu n'es pas sage,
Dit-elle, on nous badinera;
S'il n'est question de mariage,
Est-ce qu'un bouquet se met là ?

Ne perdons, dit-il, point courage,
De la tête aux pieds parcourons,
Et pour rendre son tendre hommage,
Il cherche un endroit à tâtons...
Que faites-vous donc ? lui dit-elle :
Quoi! sur mes genoux vous voilà !
Arrêtez cet excès de zèle :
Est-ce qu'un bouquet se met là ?

Où veux-tu donc que je le mette ?
Partout tu dis qu'il n'est pas bien;

Sur ma foi, cruelle Colette,
Je n'y saurais comprendre rien.
Il ne me reste d'espérance
Qu'en cet endroit : est-ce bien là ?
Manquai-je encor d'expérience ? —
Non, Blaise, un bouquet se met là.

LA BERGÈRE PRUDENTE.

Je sens naître pour toi
Mille feux dans mon âme :
Ma Colette, dis-moi,
Approuves-tu ma flamme ?
    Non, non, Colin,
    Tu sais fort bien
Qu'une fille aime, au fond du cœur,
D'un berger l'hommage flatteur,
    Mais n'en dit rien.

Je vois que mon amour
Te touche, te plaît même :
Dis-moi donc à ton tour,
Mon cher Colin, je t'aime.
    Non, non, Colin,
    Tu sais fort bien

Que ce mot coûte à la pudeur,
Qu'une fille donne son cœur,
  Mais n'en dit rien.

Eh quoi! faut-il parler
Pour dire : Je vous aime?
Ah! Colette, un baiser
Prouve assez de lui-même.
  Non, non, Colin,
  Tu sais fort bien
Qu'une fille n'en donne pas;
On lui vole, elle en rit tout bas,
  Mais n'en dit rien.

Colin le lui vola;
Elle n'eut rien à dire;
Le fripon redoubla,
Elle fit un sourire.
  Oui, oui, Colin,
  Tu prouves bien
Qu'en amour on peut aisément
Faire l'aveu le plus charmant,
  Sans dire rien.

LA NIAISE RUSÉE.

CHARLOTTE, avec ses amis,
On ne doit pas avoir honte :
Cette automne....ah ! j'en frémis...
Il faut que je te le conte...
    Aye, aye, aye, Jeannette,
    Jeannette, aye, aye, aye.

Cette automne, un beau berger
Me dit : Jeanneton, ma mie,
Tu peux venir sans danger
Avec moi dans la prairie.
    Aye, aye, etc.

Je le suivis bonnement,
Du vallon dans un bois sombre :
Auprès d'un ruisseau charmant,
Nous nous assîmes à l'ombre.
    Aye, aye, etc.

Il me tenait des discours
D'un air si vif et si tendre,

Qu'en vérité des plus sourds
Il se serait fait entendre.

    Aye, aye, etc.

En vain aurais-je tâché
De m'enfuir, chère Charlotte,
Le drôle avait attaché
Son justaucorps à ma cotte.

    Aye, aye, etc.

J'eus beau tenir ses deux mains,
Je crois que le bon apôtre,
Pour parvenir à ses fins,
En avait encore une autre.

    Aye, aye, etc.

Je ne fus pas deux instans
Sans raison et sans courage,
Et quand j'eus repris mes sens,
Je le trouvai bien plus sage.

    Aye, aye, etc.

Pardon il me demanda :
Ainsi finit la querelle ;
Mais je puis me vanter, dà,
De l'avoir échappé belle.

    Aye, aye, etc,

L'ENCHANTEMENT.

Air : *Quand vous entendrez le doux zéphir.*

Tout plaît, tout rit, tout charme eu
  ces lieux
Lorsque j'y vois l'objet que j'adore ;
Ils semblent emprunter de ses yeux
  L'éclat qui les décore.
   Ces fleurs, ces eaux ,
  Le chant des oiseaux ,
  Du tendre zéphir
  L'amoureux soupir,
   Ces verts feuillages ,
   Ces frais ombrages,
  Tout peint le plaisir.
Dès qu'elle part, la fleur se flétrit :
Le rossignol cesse son ramage ;
La seule tourterelle gémit
  Dans ce triste bocage.

FIN.

TABLE.

FIN DE LA TABLE.

www.ingramcontent.com/pod-product-compliance
Lightning Source LLC
Chambersburg PA
CBHW060628100426
42744CB00008B/1549